Francisco Catão

Santo Expedito
Novena e dados biográficos

Textos bíblicos: *Bíblia Sagrada* – tradução da CNBB, 2001.

Editora responsável: *Celina Weschenfelder*
Equipe editorial

6ª edição – 2011
7ª reimpressão – 2023

Nenhuma parte desta obra poderá ser reproduzida ou transmitida por qualquer forma e/ou quaisquer meios (eletrônico ou mecânico, incluindo fotocópia e gravação) ou arquivada em qualquer sistema ou banco de dados sem permissão escrita da Editora. Direitos reservados.

Paulinas
Rua Dona Inácia Uchoa, 62
04110-020 – São Paulo – SP (Brasil)
Tel.: (11) 2125-3500
http://www.paulinas.com.br
editora@paulinas.com.br
Telemarketing e SAC: 0800-7010081
© Pia Sociedade Filhas de São Paulo – São Paulo, 2002

Indicações históricas

Em 303, o imperador Diocleciano (284-305), dálmata de Split, na atual Croácia, decretou uma perseguição universal a todos os cristãos, cujo número e importância crescentes pareciam-lhe ameaçar o Império. Foram inúmeros os mártires de que a Igreja ainda hoje guarda memória: Santa Inês, São Marcelino, São Marcelo, Santo Eusébio e tantos outros.

As legiões romanas incumbiam-se de executar as ordens do imperador em todas as províncias, mesmo nas mais distantes. Alguns oficiais, porém, dando-se conta da iniquidade do ato, recusaram-se a obedecer, o que lhes valeu, por vezes, misturar o seu próprio sangue ao das vítimas e participar, assim, da coroa do martírio.

Foi o que aconteceu em Melitene, cidade da Armênia, no dia 19 de abril de 303.

O comandante do destacamento militar não pensou duas vezes. Foi pronto e expedito: opôs-se com determinação ao mandato do imperador. A reação da tropa também não tardou: executaram-no sem demora.

A rapidez com que tudo aconteceu tornou legendária a saga do oficial, rápido na oposição ao tirano, expedito no martírio.

Até hoje a tradição cristã presta homenagem a esse oficial, sob o nome de Expedito, tal foi a presteza com que acolheu no seu coração o dom do Espírito Santo, que o fez protestar sem demora contra a injustiça e, no mesmo momento, dar a vida como testemunho da fé cristã.

Santo Expedito é o santo que não pensa duas vezes. Age rápido e rasteiro, no cumprimento da obra de Deus.

Sabemos que tudo que nos acontece é, de certo modo, vontade de Deus. Nenhum cabelo cai de nossa cabeça sem que Deus não esteja sabendo, querendo ou permitindo. A ação de Deus é sempre graça. Alimenta gratuitamente as avezinhas do céu, como veste as flores do campo. Todos os sofrimentos desta vida, desde a falta de dinheiro, os mais diversos infortúnios, doenças e decepções, inclusive a morte, serão superados um dia, quando viermos a participar das alegrias dos santos.

Mas, enquanto gememos e choramos nesse vale de lágrimas, é legítimo que desejemos a ação imediata e rápida de Deus, livrando-nos dos mais diversos males. Invocamos então Santo Expedito, para que tenhamos a graça de renunciar imediatamente a todas as nossas faltas e receber sem demora, de Deus, por sua intercessão, os dons de que necessitamos.

Os dons de Deus têm sempre uma dupla face, pois são dois os grandes mandamentos de sua lei: aproximam-nos de Deus e levam-nos ao amor do próximo. A devoção a Santo Expedito não constitui exceção. Vale, na medida em que nos aproxima de Deus, reconhecendo nossa total dependência de sua sabedoria e do próximo, praticando para com ele a justiça e a misericórdia. Proclamamos, assim, publicamente, nossa atitude de fé e de adoração, divulgando a devoção a Santo Expedito, que não pensou duas vezes quando se tratou de dar testemunho da fé cristã.

Por isso os fiéis, além da prática da novena, sentem-se obrigados a divulgar de algum modo a devoção a Santo Expedito.

PRIMEIRO DIA
Bendito seja Deus

Abertura

V. Vinde, ó Deus, em meu auxílio.
R. Socorrei-me sem demora. Glória ao Pai, ao Filho e ao Espírito Santo. Como era no princípio, agora e sempre. Amém.

Cântico de Zacarias (cf. Lc 1,68-75)

Bendito seja o Senhor, Deus de Israel, porque a seu povo visitou e libertou; e fez surgir um poderoso salvador.

Assim mostrou misericórdia a nossos pais, recordando a sua santa Aliança enquanto perdurarem nossos dias.

Oração

Deus, que suscitastes Santo Expedito como sinal e exemplo da prontidão de vossos dons, fazendo-o opor-se sem demora às exigências dos perseguidores e ser contado no mesmo instante dentre os vossos mártires, que até hoje testemunham, na Igreja, a agilidade de vossos dons, concedei-nos a graça de vos sermos inteiramente fiéis a partir desse momento, libertos dos males que nos afligem e merecedores dos dons de que necessitamos para viver desde já, na terra, um pouco da alegria que nos espera no céu. Por Jesus Cristo, Nosso Senhor, na unidade do Espírito Santo. Amém.

Leitura (cf. Lc 1,8-22.57-64)

Ao se completar o tempo da gravidez, Isabel teve o filho, a quem se propôs dar o nome de João, que não coincidia com a tradição familiar. Perguntaram então a Zacarias qual era a sua opinião. "João é o seu nome!", escreveu Zacarias. "E todos ficaram admirados. No mesmo instante, sua boca se abriu, a língua se soltou, e ele começou a louvar a Deus".

Partilha

O Evangelho de Lucas, assim como os Atos dos Apóstolos, dão grande importância ao Espírito Santo e aos seus dons. Um dos sinais da ação do Espírito é a prontidão com que se manifesta, pois não depende de tempo nem de lugar: age imediatamente, desde que não encontre resistência de nossa parte.

O martírio de Santo Expedito é um sinal dessa agilidade da ação do Espírito. Repete, de certo modo, a cura de Zacarias. Ele havia duvidado da inspiração divina, mas, no mesmo instante em que a aceitou, dando ao filho o nome de João, "sua boca se abriu, sua língua se soltou, e ele começou a louvar a Deus". A descrença o tornara mudo. A fé recuperou-lhe a fala, para louvar a Deus e manifestar a grandeza de suas maravilhas.

Expedito, como diz seu nome, aderiu prontamente à fé. Essa irrestrita adesão a Deus é a condição para usufruir o que pedimos a Deus, por intercessão do santo.

Intercessão

Meu Santo Expedito, das causas justas e urgentes, intercedei por mim junto ao Pai de Nosso Senhor Jesus Cristo e tornai-me dócil a seu Espírito, para que seja libertado de todas as minhas incertezas, aflições e necessidades.

Peço-vos, especialmente, que me deis sem demora esta graça particular (*fazer o pedido*) de que necessito, atendendo com urgência ao meu pedido.

Comprometo-me a me esforçar para seguir os caminhos de Deus em minha vida, dar absoluta prioridade à sua Palavra, Jesus Cristo, e me deixar conduzir inteiramente pelo seu Espírito, proclamando por todos os meios a meu alcance a presteza com que fui atendido.

Em união com a Virgem Maria e com todos os santos, rezemos agora a oração que Jesus nos ensinou: Pai-Nosso... Ave-Maria...

Bênção

Pela intercessão da Virgem Maria e de todos os santos, em particular de Santo Expedito, que o Senhor nos abençoe, nos livre de todo mal, nos enriqueça com os dons de que temos necessidade e nos conduza à vida eterna. Amém.

SEGUNDO DIA

Imediatamente se levantou e pôs-se a servi-los

Abertura

V. Vinde, ó Deus, em meu auxílio.
(Como no primeiro dia, p. 7.)

Cf. Salmo 100 (99)

Aclamai ao Senhor, terra inteira, servi ao Senhor com alegria, ide a ele gritando de alegria.

Ficai sabendo que o Senhor é Deus; ele nos fez e nós somos seus, seu povo e rebanho do seu pasto. (...)

Oração

Ó Deus, que a intercessão de Santo Expedito ilumine os nossos corações e nos faça confiar na presteza de vossa ação, manifestada nas curas imediatas operadas por vosso Filho Jesus, para que possamos hoje, sob vossa proteção, celebrar o vosso nome e obter assim as graças urgentes de que necessitamos. Pelo mesmo Nosso Senhor Jesus Cristo, na unidade do Espírito Santo. Amém.

Leitura (cf. Lc 4,31-39)

O povo, reunido na sinagoga de Cafarnaum, maravilhava-se com as palavras de Jesus. Um endemoniado o interrompeu. Jesus ordena ao demônio que deixe o homem e livra-o da possessão. O povo se admira mais ainda. Voltando para a casa onde estava hospedado, Jesus encontrou a sogra de Pedro acamada. "Então, Jesus se inclinou sobre ela e, com autoridade, mandou que a febre a deixasse. A febre a deixou, e ela, imediatamente, se levantou e pôs-se a servi-los".

Partilha

Jesus falava muitas vezes nas sinagogas, nas quais os judeus se reuniam aos sábados para ouvir a Palavra de Deus. Seu modo de falar os impressionava, pela autoridade que demonstrava ter. De vez em quando, porém, a ocasião necessitava da demonstração também do seu poder. Poder de ação imediata, como se vê no episódio da sogra de Pedro: a febre a deixa e imediatamente ela se põe a servir a Jesus e aos discípulos.

O reconhecimento da autoridade e do poder de Jesus faz com que a sogra de Pedro fique imediatamente curada, mas também é notável que se ponha imediatamente a servir. Que Deus mereça a nossa confiança para que, por intercessão de seus santos, obtenhamos imediatamente as graças que pedimos e nos ponhamos também imediatamente a serviço do próximo.

Intercessão

Meu Santo Expedito, das causas justas e urgentes, intercedei por mim junto ao Pai de Nosso Senhor Jesus Cristo, curai-me das enfermidades da alma e do corpo, para que eu seja capaz de servir a Deus em todas as coisas, e consagre-me com prontidão a serviço do próximo.

Peço-vos, especialmente, que me deis sem demora esta graça particular (*fazer o pedido*) de que necessito, atendendo com urgência ao meu pedido.

Comprometo-me a me esforçar para seguir os caminhos de Deus em minha vida, dar absoluta prioridade à sua Palavra, Jesus Cristo, e me deixar conduzir inteiramente pelo seu Espírito, servindo ao próximo com generosidade e proclamando por todos os meios a meu alcance a presteza com que fui atendido.

Pai-Nosso... Ave-Maria...

Bênção

Pela intercessão da Virgem Maria e de todos os santos, em particular de Santo Expedito, que o Senhor nos abençoe, nos livre de todo mal, nos enriqueça com os dons de que temos necessidade e nos conduza à vida eterna. Amém.

TERCEIRO DIA

Teus pecados são perdoados

Abertura

V. Vinde, ó Deus, em meu auxílio.
(*Como no primeiro dia, p. 7.*)

Salmo 6,1-5.10-11

Senhor, não me repreendas em tua ira, nem me castigues em tua indignação.

Tem piedade de mim, Senhor, pois perdi as forças; cura-me, Senhor, pois meus ossos estão abalados, e minha alma está aflita ao extremo.

Mas tu, Senhor, até quando?

Volta, Senhor, livra a minha alma, salva-me em tua piedade.

O Senhor ouviu a minha súplica, o Senhor acolheu minha oração.

Fiquem confusos e conturbados todos os meus inimigos, voltem para trás, num instante se retirem.

Oração

Ó Deus, que para remédio e salvação nossa enviastes vosso Filho, com o poder de perdoar-nos dos nossos pecados e de nos curar de todas as enfermidades da alma e do corpo para que possamos, de coração puro, seguir vossos caminhos e nos alegrar com vossa salvação, com a graça vos pedimos, por intercessão de Santo Expedito, poder evitar todo pecado e trilhar na alegria os caminhos indicados pelos mandamentos de vosso amor. Por Nosso Senhor Jesus Cristo, vosso Filho, na unidade do Espírito Santo. Amém.

Leitura (cf. Lc 5,17-25)

Certo dia Jesus ensinava em local fechado, na presença de fariseus e mestres da Lei. Vieram alguns homens carregando um paralítico sobre uma maca. Jesus disse ao paralítico: "Homem, teus pecados são perdoados".

Os fariseus e mestres da Lei interiormente o acusavam de ter blasfemado, pois somente Deus pode perdoar. "Jesus, penetrando-lhes os pensamentos, perguntou: 'Que estais pensando no vosso íntimo? Que é mais fácil, dizer: 'Teus pecados são perdoados', ou: 'Levanta-te e anda?'. Ora, para que saibais que o Filho do Homem tem poder de perdoar pecados na terra – e dirigiu-se ao paralítico –, eu te digo: levanta-te, pega tua maca e vai para casa'. No mesmo instante, levantando-se diante de todos, pegou a maca e foi para casa, glorificando a Deus".

Partilha

A cura do paralítico, que pega a maca em que jazia e sai glorificando a Deus, foi sinal da graça do perdão, recebido em seu coração como fruto de sua fé e do seu empenho em procurar Jesus, por todos os meios possíveis.

A necessidade que sentimos de recorrer a Deus para obter graças e favores particulares deve transformar-se, para cada um de nós, em outras tantas ocasiões de fortificar a nossa fé e de nos dispor a tudo fazer para nos aproximar de Jesus, ajudados pelos santos, quando temos dificuldades em caminhar com os nossos próprios pés.

Jesus, que nos acolhe interiormente, perdoando-nos os pecados, tem também o poder de nos conceder, no mesmo instante, por intercessão de Santo Expedito, todas as graças temporais de que necessitamos.

Intercessão

Meu Santo Expedito, das causas justas e urgentes, ajudai-me a chegar junto de Jesus, removendo todos os obstáculos que dele me distanciam, e intercedei por mim junto ao Pai de Nosso Senhor Jesus Cristo, para que, acreditando no Filho do Homem, eu tenha os meus pecados perdoados e mereça receber a graça de que tanto tenho necessidade.

Peço-vos, especialmente, que me deis sem demora esta graça particular (*fazer o pedido*) de que necessito, atendendo com urgência ao meu pedido.

Comprometo-me a me esforçar para seguir os caminhos de Deus em minha vida, glorificando-o por suas graças, e me deixar conduzir inteiramente pelo seu Espírito, proclamando por todos os meios a meu alcance a presteza com que fui atendido.

Pai-Nosso... Ave-Maria...

Bênção

Pela intercessão da Virgem Maria e de todos os santos, em particular de Santo Expedito, que o Senhor nos abençoe, nos livre de todo mal, nos enriqueça com os dons de que temos necessidade e nos conduza à vida eterna. Amém.

QUARTO DIA
Tocar no Santo

Abertura

V. Vinde, ó Deus, em meu auxílio.
(Como no primeiro dia, p. 7.)

Cântico do profeta Zacarias
(cf. Zc 2,14-17)

Exulta e fica alegre, filha de Sião, pois venho morar no meio de ti, oráculo do Senhor.

Numerosas nações naquele dia vão aderir ao Senhor, (...) que me mandou a ti.

Silêncio, todo mundo, diante do Senhor! Ele acaba de acordar em sua santa morada!

Oração

Ó Deus, que enviastes vosso Filho Jesus para habitar no meio do povo, para que pudéssemos ouvir com nossos ouvidos, ver com nossos olhos e apalpar com nossas mãos a Palavra da Vida, fazei com que, em comunhão com os vossos santos, que são o Corpo de vosso Filho, possamos, na humildade de nossa natureza humana, beneficiar-nos da vida abundante com que o vosso Espírito anima a terra, curando nossos males da alma e do corpo. Pelo mesmo Jesus Cristo Nosso Senhor, que convosco vive e reina, na unidade do mesmo Espírito. Amém.

Leitura (Lc 8,43-48)

Uma mulher que sofria hemorragia já por doze anos e gastara tudo o que possuía com médicos, sem que ninguém conseguisse curá-la, aproximou-se dele, por detrás, e tocou na franja de seu manto. Instantaneamente, a hemorragia estancou. Jesus, então, perguntou: "Quem tocou em mim?". Enquanto todos negavam, Pedro disse: "Mestre, são as multidões que te cercam e te apertam". Jesus, porém, disse: "Alguém me tocou. Eu senti uma força saindo de mim". Vendo que tinha sido descoberta, a mulher, tremendo, lançou-se por terra aos pés dele. Diante de todos, explicou a razão por que o tinha tocado, e como tinha ficado curada instantaneamente. Jesus, então, lhe disse: "Filha, a tua fé te salvou. Vai em paz!".

Partilha

Em que consiste a fé dessa mulher, que se viu instantaneamente curada ao tocar a franja do manto de Jesus? Era a certeza de que a força salvadora de Deus, seu Espírito, estava presente em Jesus. Ele era o Santo de Deus. A autoridade com que ensinava e os milagres que realizava fizeram-na acreditar firmemente que lhe bastava tocar as vestes para se libertar do mal que a afligia há doze anos.

O que não esperava é que fosse curada instantaneamente, notada por Jesus e tivesse de adorá-lo publicamente, antes de ouvir a confirmação solene de que sua fé a tinha salvo.

Para obter instantaneamente de Deus as graças de que necessitamos, recorrendo a Santo Expedito, precisamos ter a fé da hemorroíssa e tocar Jesus, que está presente na multidão anônima do povo, sobretudo nos mais necessitados.

Intercessão

Meu Santo Expedito, das causas justas e urgentes, ajudai-me a tocar Jesus no seu Corpo, especialmente nos mais necessitados, com a fé da hemorroíssa, que obteve imediatamente a cura de seus males e a paz.

Peço-vos, especialmente, que me deis sem demora esta graça particular (*fazer o pedido*) de que tanto necessito, atendendo com urgência ao meu pedido.

Comprometo-me a reconhecer em Jesus o meu salvador e, prostrado a seus pés, proclamar todas as graças que recebo de Deus por vossa intercessão, para que vos reconheçam como quem vem em socorro de todos aqueles que precisam urgentemente do auxílio divino.

Pai-Nosso... Ave-Maria...

Bênção

Pela intercessão da Virgem Maria e de todos os santos, em particular de Santo Expedito, que o Senhor nos abençoe, nos livre de todo mal, nos enriqueça com os dons de que temos necessidade e nos conduza à vida eterna. Amém.

QUINTO DIA

Menina, levanta-te!

Abertura

V. Vinde, ó Deus, em meu auxílio.
(Como no primeiro dia, p. 7.)

Hino de Vésperas da Epifania

Elevai o olhar aos céus
vós que a Cristo procurais.
E da sua eterna glória
podereis ver os sinais.

Ó Jesus, louvor a vós
que às nações vos revelais;
glória ao Pai e ao Espírito
pelos tempos eternais.

Oração

Deus eterno e todo-poderoso, que, pela vinda do vosso Filho, vos manifestastes cheio de misericórdia e de poder, curando os doentes, ressuscitando os mortos e socorrendo-nos em todas as nossas necessidades, dai-nos a alegria de participar da abundância de graças derramadas por Cristo em benefício de toda a humanidade, como sinal e antecipação da vida perene de comunhão com os vossos santos e santas no céu, na unidade do Espírito, pelo mesmo Cristo Nosso Senhor. Amém.

Leitura (cf. Lc 8,49-56)

Enquanto Jesus ainda estava louvando a fé da hemorroíssa, que havia sido curada, chegou alguém da casa de Jairo, chefe da sinagoga, dizendo que sua filha acabara de morrer. "Ouvindo isto, Jesus lhe disse: 'Não tenhas medo. Somente crê, e ela será curada'. Quando chegou a casa, não deixou ninguém entrar com ele, a não ser

Pedro, João, Tiago e o pai e a mãe da menina. Todos choravam e lamentavam. Mas Jesus disse: 'Não choreis. Ela não está morta, mas dorme'. Zombaram dele, pois sabiam que ela tinha morrido. Então ele pegou a menina pela mão e exclamou: 'Menina, levanta-te!'. Ela voltou a respirar e imediatamente se levantou. Jesus mandou que lhe dessem de comer. Seus pais ficaram extasiados, mas Jesus lhes ordenou que não contassem a ninguém o que tinha acontecido".

Partilha

Jesus é a Palavra de Deus encarnada, a quem todas as coisas obedecem imediatamente, pois por ela foram criadas: Deus disse e tudo se fez, lemos no início da Bíblia. Diante de Deus, a própria morte é como uma doença que se cura, um obstáculo a ser transposto pela força de sua Palavra, a que tudo obedece imediatamente.

Assim como Deus compartilhou com Jesus, durante sua vida terrena, a força de sua Palavra, capaz de dar a vida, assim também, segundo os misteriosos propósitos de seus desígnios, compartilha com os santos seu poder de curar imediatamente todos os males e vir em socorro de todas as nossas dificuldades.

A intercessão de Santo Expedito é algo novo; manifestação do poder de Deus de operar imediatamente tudo quanto convém à realização dos desígnios de sua misericórdia.

Intercessão

Meu Santo Expedito, das causas justas e urgentes, vinde sem demora em meu socorro, pois são grandes as necessidades que atravesso, que me deixam como morto, sem esperança aos olhos do mundo.

Peço-vos, especialmente, que me deis sem demora esta graça particular (*fazer o pedido*) de que tanto necessito, atendendo com urgência ao meu pedido.

Comprometo-me a reconhecer a força salvadora da misericórdia de Deus, com fé comparável à do chefe da sinagoga, que não titubeou diante da palavra de Jesus, capaz de prevalecer até mesmo contra a morte. Hei de proclamar as grandes graças que recebo de Deus por vossa intercessão, para que vos reconheçam como quem vem em socorro de todos aqueles que precisam urgentemente do auxílio divino.

Pai-Nosso... Ave-Maria...

Bênção

Pela intercessão da Virgem Maria e de todos os santos, em particular de Santo Expedito, que o Senhor nos abençoe, nos livre de todo mal, nos enriqueça com os dons de que temos necessidade e nos conduza à vida eterna. Amém.

SEXTO DIA

Senhor, que eu veja!

Abertura

V. Vinde, ó Deus, em meu auxílio.
(Como no primeiro dia, p. 7.)

Cf. Salmo 51,1-4.6.8.11.12.19

Ó Deus, tende compaixão de mim, conforme a vossa misericórdia, no vosso grande amor, cancelai o meu pecado.

Lavai-me de toda a minha culpa e purificai-me de meu pecado.

Contra vós, só contra vós eu pequei, eu fiz o que é mal a vossos olhos. Mas vós quereis a sinceridade do coração e no íntimo me ensinais a sabedoria.

Afastai o olhar de meus pecados, cancelai todas as minhas culpas.

Criai em mim, ó Deus, um coração puro, renovai em mim um espírito resoluto.

Louvor, para Deus, é um espírito contrito; não desprezeis, ó Deus, um coração sofredor e humilhado.

Oração

Guardai, Senhor Deus, o(a) vosso(a) servo(a) com vossa constante proteção, vinde sem demora em meu socorro, e como a fraqueza humana desfalece sem vosso auxílio, livrai-me imediatamente do mal que me aflige e conduzi-me pelos caminhos da salvação. Por Nosso Senhor Jesus Cristo, vosso Filho, na unidade do Espírito Santo. Amém.

Leitura (Lc 18,35-43)

Quando Jesus se aproximou de Jericó, um cego estava sentado à beira do caminho, pedindo esmola. Ouvindo a multidão passar, perguntou o que estava acontecendo. Disseram-lhe: "Jesus Nazareno está passando".

O cego então gritou: "Jesus, Filho de Davi, tem compaixão de mim!" (...) Jesus parou e mandou que lhe trouxessem o cego. Quando ele chegou perto, Jesus perguntou: "Que queres que eu te faça?". O cego respondeu: "Senhor, que eu veja". Jesus disse: "Vê! A tua fé te salvou". No mesmo instante, o cego começou a enxergar de novo e foi seguindo Jesus, glorificando a Deus. Vendo isso, todo o povo deu glória a Deus.

Partilha

Nada mais instantâneo do que ver. No quarto escuro, a luz acende e vemos. Acende-se o projetor e as imagens imediatamente aparecem na tela. Ao pedido do cego: "Senhor, que eu veja", Jesus responde: "Vê", e imediatamente o cego começa a enxergar. O texto do Evangelho aponta, porém, as duas condições para que Deus aja imediatamente: o reconhecimento da nossa necessidade – "Jesus, Filho de Davi, tem compaixão de mim!" – e a fé – "A tua fé te salvou".

O cego, agora curado, segue Jesus, glorificando a Deus!

Orar a Santo Expedito requer também o reconhecimento de nossa necessidade e a fé, e, além disso, a disposição de segui-lo no louvor a Deus, que está pronto a nos ouvir imediatamente.

Intercessão

Meu Santo Expedito, das causas justas e urgentes, vinde sem demora em meu socorro, pois são grandes as necessidades que atravesso, que me deixam como cego, sem esperança aos olhos do mundo.

Peço-vos, especialmente, que me deis sem demora esta graça particular (*fazer o pedido*) de que tanto necessito, atendendo com urgência ao meu pedido.

Comprometo-me a glorificar a Deus e seguir Jesus, como o cego de Jericó, que foi imediatamente curado porque reconheceu sua necessidade diante de Deus e teve fé. Como ele, hei de proclamar as grandes graças que recebo de Deus por vossa intercessão, para que vos reconheçam como quem vem em socorro de todos aqueles que precisam urgentemente do auxílio divino.

Pai-Nosso... Ave-Maria...

Bênção

Pela intercessão da Virgem Maria e de todos os santos, em particular de Santo Expedito, que o Senhor nos abençoe, nos livre de todo mal, nos enriqueça com os dons de que temos necessidade e nos conduza à vida eterna. Amém.

SÉTIMO DIA
O que tenho eu te dou!

Abertura

V. Vinde, ó Deus, em meu auxílio.
(Como no primeiro dia, p. 7.)

Do profeta Isaías (cf. 45,22-24)

Olhai para mim e sede salvos, todos os confins da terra. Eu é que sou Deus e outro não há.

Por mim mesmo eu juro: de minha boca só sai o que é justo, palavra que não volta atrás.

Só no Senhor se encontram a força e a justiça.

Oração

Deus, a quem devemos a liberdade e a salvação, fazei com que obtenhamos as graças que vos suplicamos e possamos caminhar firmes no vosso amor, a fim de encontrar em vós a eterna felicidade, pois nos remistes com o sangue de vosso Filho e nos curastes de todos os males com sua Palavra e seu Espírito. Pelo mesmo Jesus Cristo Nosso Senhor, que convosco vive e reina pelos séculos dos séculos. Amém.

Leitura (At 3,1-8)

Pedro e João estavam subindo ao templo para a oração das três da tarde. Vinha sendo carregado um homem, coxo de nascença, que todos os dias era colocado na porta do templo chamada Formosa, para pedir esmolas aos que entravam. Quando viu Pedro e João entrarem no templo, o homem pediu uma esmola. Pedro, com João, olhou bem para ele e disse: "Olha para nós!". O homem ficou olhando para eles, esperando receber alguma coisa. Pedro então disse: "Não tenho ouro nem prata, mas o que tenho eu te dou: em nome de Jesus Cristo, o Nazareno, levanta-te e anda!". E tomando-o pela mão direita, Pedro o levantou. Na mesma hora, os pés e os tornozelos do homem ficaram firmes, ele saltou, ficou de pé e começou a andar. E entrou no templo com Pedro e João, andando, saltando e louvando a Deus.

Partilha

Ao cruzar o olhar com Pedro, o coxo deixou transparecer a miséria em que jazia e que o obrigava a pedir esmolas. Olho no olho, Pedro é invadido pela misericórdia de Deus. Não tem dinheiro para dar de esmola, mas tem uma palavra de amor, em nome de Jesus, e está disposto a dar tudo o que tem: levanta-te e anda. Faz ainda um sinal, uma espécie de sacramento que acompanha a palavra: segura-lhe a mão direita e o ergue.

Na mesma hora, seus pés se consolidam e ele pula de alegria, acompanha os apóstolos, entra no templo e se põe a louvar a Deus.

Olhamos para a imagem de Santo Expedito, mas através dela procuramos enxergar-lhe o coração, que está no céu, junto de Deus, cheio de misericórdia e poder, capaz de obter-nos na mesma hora, instantaneamente, as graças de que necessitamos para andar no caminho do louvor e pular de alegria.

Intercessão

Meu Santo Expedito, das causas justas e urgentes, vinde sem demora em meu socorro, pois são grandes as necessidades que atravesso, que me deixam como coxo, dependente dos outros e sem esperança aos olhos do mundo.

Peço-vos, especialmente, que me deis sem demora esta graça particular (*fazer o pedido*) de que tanto necessito, atendendo com urgência ao meu pedido.

Comprometo-me a acompanhar o apóstolo Pedro, que, em companhia de João, curou o coxo em nome de Jesus, na mesma hora em que o encarou olho no olho. Como ele, hei de proclamar as grandes graças que recebo de Deus por vossa intercessão, para que vos reconheçam como quem vem em socorro de todos aqueles que precisam urgentemente do auxílio divino.

Pai-Nosso... Ave-Maria...

Bênção

Pela intercessão da Virgem Maria e de todos os santos, em particular de Santo Expedito, que o Senhor nos abençoe, nos livre de todo mal, nos enriqueça com os dons de que temos necessidade e nos conduza à vida eterna. Amém.

OITAVO DIA

A sombra de Pedro

Abertura

V. Vinde, ó Deus, em meu auxílio.
(Como no primeiro dia, p. 7.)

Cf. Salmo 86,6-7.11-13

Prestai atenção, Senhor, à minha prece e sede atento à voz da minha súplica. No dia da angústia, levanto o meu clamor e vós me ouvis.

Mostrai-me, Senhor, o vosso caminho, para eu caminhar na vossa verdade; fazei que meu coração tema só o vosso nome.

Eu vos darei graças, Senhor, meu Deus, de todo o coração e darei glória a vosso nome sempre, porque é grande para comigo o vosso amor.

Oração

Ó Deus, que nos concedeis a alegria de festejar os vossos dons pela intercessão dos Santos Apóstolos Pedro e João e da grande multidão de homens e mulheres que, pela vossa pregação, escutaram a vossa Palavra e vivem do vosso Espírito, fazei com que, por intercessão de Santo Expedito, sejamos também confirmados na fé e no amor e alcancemos, com a maior brevidade, as graças de que tanto necessitamos. Pelo mesmo Jesus Cristo, na unidade do Espírito Santo. Amém.

Leitura (At 5,12-16)

Muitos sinais e prodígios eram realizados entre o povo pelas mãos dos apóstolos. Todos os fiéis se congregavam, bem unidos, no Pórtico de Salomão. Nenhum dos outros ousava juntar-se a eles, mas o povo estimava-os muito. Entretanto crescia sempre mais o número dos que pela fé aderiam ao Senhor — uma multidão de homens e mulheres.

Chegavam a transportar para as praças os doentes em camas e macas, a fim de que, quando Pedro passasse, pelo menos sua sombra tocasse alguns deles. (...) E todos eram curados.

Partilha

Jesus, que nos veio revelar Deus, como Pai, e comunicar-nos seu Espírito, profetizou as maravilhas que haveriam de fazer todos os que cressem nele (cf. Jo 14,12-14). A fé arrasta montanhas (cf. Mt 17,20). Não é de admirar que até mesmo a sombra de Pedro, sobre cujo testemunho repousa a fé da multidão dos crentes, como lemos nos Atos dos Apóstolos, tenha a força de curar os males daqueles que creem em Jesus.

Cura mais veloz do que a luz, sem outra condição do que ser encoberto pela figura de Pedro, que representa, por um lado, toda a Igreja sobre ele fundada, e, por outro, todos os santos a ele reunidos no céu.

Alimentemos em nossa inteligência e em nosso coração a fé apostólica, à sombra de Santo Expedito, e seremos imediatamente curados de nossos males e socorridos em nossas necessidades.

Intercessão

Meu Santo Expedito, das causas justas e urgentes, vinde sem demora em meu socorro, pois são grandes as necessidades que atravesso, que me deixam como os doentes colocados na praça à espera da sua passagem, no séquito de Pedro e de todos os santos.

Peço-vos, especialmente, que me deis sem demora essa graça particular (*fazer o pedido*) de que tanto necessito, atendendo com urgência ao meu pedido.

Comprometo-me a glorificar a Deus e seguir Jesus, conforme a palavra de Pedro, em comunhão com os seus sucessores, através dos séculos, para me beneficiar das maravilhas que os seus discípulos e seguidores proclamam. Convosco, hei de proclamar as grandes graças recebidas de Deus por vossa intercessão, para que todos os povos vos reconheçam como quem vem em socorro de todos aqueles que precisam urgentemente do auxílio divino.

Pai-Nosso... Ave-Maria...

Bênção

Pela intercessão da Virgem Maria e de todos os santos, em particular de Santo Expedito, que o Senhor nos abençoe, nos livre de todo mal, nos enriqueça com os dons de que temos necessidade e nos conduza à vida eterna. Amém.

NONO DIA
No vosso meio!

Abertura

V. Vinde, ó Deus, em meu auxílio.
(Como no primeiro dia, p. 7.)

Salmo 46,2-3.11-12

Deus é para nós refúgio e força, defensor poderoso no perigo. Por isso não temos medo se a terra treme, se os montes desmoronam no fundo do mar.

Parai e sabei que eu sou Deus, excelso entre as nações, excelso sobre a terra. O Senhor dos Exércitos está conosco, nosso refúgio é o Deus de Jacó.

Oração

Ó Deus nosso Pai, que, enviando ao mundo a Palavra da verdade e o Espírito Santificador, revelastes o vosso inefável mistério e viestes habitar entre nós, estabelecendo desde agora vosso Reino, de verdade e amor, fazei com que, admirando as maravilhas que operais por intermédio de vossos santos, em especial de Santo Expedito, reconheçamos que sois nosso refúgio e nossa força, em todos os perigos e necessidades desta vida. Por nosso Senhor Jesus Cristo, vosso Filho, na unidade do Espírito Santo. Amém.

Leitura (cf. Lc 17,11-16.20-21)

Jesus estava para entrar num povoado, quando dez leprosos vieram ao seu encontro. "Pararam a certa distância e gritaram: 'Jesus, Mestre, tem compaixão de nós!'. Ao vê-los, Jesus disse: 'Ide apresentar-vos aos sacerdotes'. Enquanto estavam a caminho, aconteceu que ficaram curados. Um deles, ao perceber que estava curado, voltou glorificando a Deus em alta voz; prostrou-se aos pés de Jesus e lhe agradeceu".

"Os fariseus perguntaram a Jesus sobre o momento em que chegaria o Reino de Deus. Ele respondeu: 'O Reino de Deus não vem ostensivamente. Nem se poderá dizer: 'Está aqui', ou: 'Está ali', pois o Reino de Deus está no meio de vós'."

Partilha

A cura dos dez leprosos à simples determinação de Jesus, que os envia aos sacerdotes para cumprir a lei, é extraordinária manifestação da misericórdia e do poder divinos. Mas, segundo o relato evangélico, somente um deles tirou proveito espiritualmente da graça recebida, pois, vendo-se curado, voltou glorificando a Deus em alta voz e agradecendo a Jesus.

Deus sabe quanto e com que urgência precisamos de suas graças, pelas quais recorremos à intercessão de Santo Expedito. Que os seus benefícios, porém, sejam caminhos e ocasião para glorificarmos a Deus em alta voz, no meio de seus fiéis, e agradecer àqueles por intermédio dos quais fomos agraciados. O Reino de Deus não está nos benefícios recebidos, nem aqui nem ali, mas no meio da comunidade dos fiéis, no louvor e no agradecimento sem fim.

Intercessão

Meu Santo Expedito, das causas justas e urgentes, vinde sem demora em meu socorro, pois são grandes as necessidades que atravesso, que me deixam como os leprosos, impedido de viver uma vida tranquila como todas as pessoas.

Peço-vos, especialmente, que me deis sem demora esta graça particular (*fazer o pedido*) de que tanto necessito, atendendo com urgência ao meu pedido.

Comprometo-me a glorificar a Deus, agradecer a Jesus e a todos os seus santos, especialmente a vós, pela urgência com que me atendeis.

Convosco, hei de proclamar as grandes graças recebidas de Deus por vossa intercessão, para que todos os povos vos reconheçam como quem vem em socorro de todos aqueles que precisam urgentemente do auxílio divino.

Pai-Nosso... Ave-Maria...

Bênção

Pela intercessão da Virgem Maria e de todos os santos, em particular de Santo Expedito, que o Senhor nos abençoe, nos livre de todo mal, nos enriqueça com os dons de que temos necessidade e nos conduza à vida eterna. Amém.

NOSSAS DEVOÇÕES
(Origem das novenas)

De onde vem a prática católica das novenas? Entre outras, podemos dar duas respostas: uma histórica, outra alegórica.

Historicamente, na Bíblia, no início do livro dos Atos dos Apóstolos, lê-se que, passados quarenta dias de sua morte na Cruz e de sua ressurreição, Jesus subiu aos céus, prometendo aos discípulos que enviaria o Espírito Santo, que lhes foi comunicado no dia de Pentecostes.

Entre a ascensão de Jesus ao céu e a descida do Espírito Santo, passaram-se nove dias. A comunidade cristã ficou reunida em torno de Maria, de algumas mulheres e dos apóstolos. Foi a primeira novena cristã. Hoje, ainda a repetimos todos os anos, orando, de modo especial, pela unidade dos cristãos. É o padrão de todas as outras novenas.

A novena é uma série de nove dias seguidos em que louvamos a Deus por suas maravilhas, em particular, pelos santos, por cuja intercessão nos são distribuídos tantos dons.

Alegoricamente, a novena é antes de tudo um ato de louvor ao Pai, ao Filho e ao Espírito Santo, Deus três vezes Santo. Três é número perfeito. Três vezes três, nove. A novena é louvor perfeito à Trindade. A prática de nove dias de oração, louvor e súplica confirma de maneira extraordinária nossa fé em Deus que nos salva, por intermédio de Jesus, de Maria e dos santos.

O Concílio Vaticano II afirma: "Assim como a comunhão cristã entre os que caminham na terra nos aproxima mais de Cristo, também o convívio com os santos nos une a Cristo, fonte e cabeça de que provêm todas as graças e a própria vida do povo de Deus" (*Lumen Gentium*, 50).

Nossas Devoções procura alimentar o convívio com Jesus, Maria e os santos, para nos tornarmos cada dia mais próximos de Cristo, que nos enriquece com os dons do Espírito e com todas as graças de que necessitamos.

Francisco Catão

Coleção Nossas Devoções

- *A Senhora da Piedade*. Setenário das dores de Maria – Aparecida Matilde Alves
- *Dulce dos Pobres*. Novena e biografia – Marina Mendonça
- *Frei Galvão*. Novena e história – Pe. Paulo Saraiva
- *Imaculada Conceição*. Novena ecumênica – Francisco Catão
- *Jesus, Senhor da vida*. Dezoito orações de cura – Francisco Catão
- *João Paulo II*. Novena, história e orações – Aparecida Matilde Alves
- *João XXIII*. Biografia e novena – Marina Mendonça
- *Maria, Mãe de Jesus e Mãe da humanidade*. Novena e coroação de Nossa Senhora – Aparecida Matilde Alves
- *Menino Jesus de Praga*. História e novena – Giovanni Marques
- *Nhá Chica*. Novena, história e orações – Aparecida Matilde Alves
- *Nossa Senhora Achiropita*. Novena e biografia – Antonio S. Bogaz e Rodinei Thomazella
- *Nossa Senhora Aparecida*. História e novena – Maria Belém
- *Nossa Senhora da Cabeça*. História e novena – Mario Basacchi
- *Nossa Senhora da Luz*. Novena e história – Maria Belém
- *Nossa Senhora da Penha*. Novena e história – Maria Belém
- *Nossa Senhora da Salete*. História e novena – Aparecida Matilde Alves
- *Nossa Senhora das Graças ou Medalha Milagrosa*. Novena e origem da devoção – Mario Basacchi
- *Nossa Senhora de Caravaggio*. História e novena – Pe. Volmir Comparin e Dom Leomar Antônio Brustolin
- *Nossa Senhora de Fátima*. Novena – Tarcila Tommasi
- *Nossa Senhora de Guadalupe*. Novena e história das aparições a São Juan Diego – Maria Belém
- *Nossa Senhora de Lourdes*. – Tarcila Tommasi
- *Nossa Senhora de Nazaré*. Novena e história – Maria Belém
- *Nossa Senhora Desatadora dos Nós*. História e novena – Frei Zeca
- *Nossa Senhora do Bom Parto*. Novena e reflexões bíblicas – Mario Basacchi
- *Nossa Senhora do Carmo*. Novena e história – Maria Belém
- *Nossa Senhora do Desterro*. História e novena – Celina H. Weschenfelder

- *Nossa Senhora do Perpétuo Socorro. História e novena* – Mario Basacchi
- *Nossa Senhora Rainha da Paz. História e novena* – Celina Helena Weschenfelder
- *Novena à Divina Misericórdia. Santa Maria Faustina Kowaslka, história e orações* – Tarcila Tommasi
- *Novena a Nossa Senhora de Lourdes* – Tarcila Tommasi
- *Novena das Rosas. História e novena a Santa Teresinha do Menino Jesus* – Aparecida Matilde Alves
- *Novena em honra ao Senhor Bom Jesus* – Pe. José Ricardo Zonta
- *Ofício da Imaculada Conceição. Orações, hinos e reflexões* – Cristóvão Dworak
- *Orações do cristão. Preces diárias* – Celina H. Weschenfelder (org.)
- *Padre Pio. Novena e história* – Maria Belém
- *Paulo, homem de Deus. Novena de São Paulo, Apóstolo* – Francisco Catão
- *Reunidos pela força do Espírito Santo. Novena de Pentecostes* – Tarcila Tommasi
- *Rosário por uma transformação espiritual e psicológica* – Gustavo E. Jamut
- *Rosário dos enfermos* – Aparecida Matilde Alves
- *Sagrada face. História, novena e devocionário* – Giovanni Marques
- *Sagrada Família. Novena* – Pe. Paulo Saraiva
- *Sant'Ana. Novena e história* – Maria Belém
- *Santa Cecília. Novena e história* – Frei Zeca
- *Santa Edwiges. Novena e biografia* – J. Alves
- *Santa Filomena. História e novena* – Mario Basacchi
- *Santa Joana d'Arc. Novena e biografia* – Francisco de Castro
- *Santa Luzia. Novena e biografia* – J. Alves
- *Santa Maria Goretti. História e novena* – Pe. José Ricardo Zonta
- *Santa Paulina. Novena e biografia* – J. Alves
- *Santa Rita de Cássia. Novena e biografia* – J. Alves
- *Santa Teresa de Calcutá. Biografia e novena* – Celina H. Weschenfelder

- *Santa Teresinha do Menino Jesus*. Novena e biografia – Mario Basacchi
- *Santo Afonso de Ligório*. Novena e biografia – Mario Basacchi
- *Santo Antônio*. Novena, trezena e responsório – Mario Basacchi
- *Santo Expedito*. Novena e dados biográficos – Francisco Catão
- *São Benedito*. Novena e biografia – J. Alves
- *São Bento*. História e novena – Francisco Catão
- *São Brás*. História e novena – Celina H. Weschenfelder
- *São Cosme e São Damião*. Biografia e novena – Mario Basacchi
- *São Cristóvão*. História e novena – Pe. Mário José Neto
- *São Francisco de Assis*. Novena e biografia – Mario Basacchi
- *São Francisco Xavier*. Novena e biografia – Gabriel Guarnieri
- *São Geraldo Majela*. Novena e biografia – J. Alves
- *São Guido Maria Conforti*. Novena e biografia – Gabriel Guarnieri
- *São José*. História e novena – Aparecida Matilde Alves
- *São Judas Tadeu*. História e novena – Maria Belém
- *São Marcelino Champagnat*. Novena e biografia – Ir. Egídio Luiz Setti
- *São Miguel Arcanjo*. Novena – Francisco Catão
- *São Pedro, Apóstolo*. Novena e biografia – Maria Belém
- *São Roque*. Novena e biografia – Roseane Gomes Barbosa
- *São Sebastião*. Novena e biografia – Mario Basacchi
- *São Tarcísio*. Novena e biografia – Frei Zeca
- *São Vito, mártir*. História e novena – Mario Basacchi
- *Tiago Alberione*. Novena e biografia – Maria Belém

Rua Dona Inácia Uchoa, 62
04110-020 – São Paulo – SP (Brasil)
Tel.: (11) 2125-3500
http://www.paulinas.com.br – editora@paulinas.com.br
Telemarketing e SAC: 0800-7010081